《实用汉语课本》第一、二册

词 汇 总 表
练 习 答 案

VOCABULARY LIST
KEY TO EXERCISES

FOR

PRACTICAL CHINESE READER

BOOK Ⅰ，Ⅱ

北 京 语 言 学 院

刘 珣 邓恩明 刘社会 编著

李培元 审订

THE COMMERCIAL PRESS

1982 Beijing

First Edition 1982

Published by the Commercial Press,
36 Wanfujing Street, Beijing, China
Typeset by the Peijing Languages
Institute Printing House,
Beijing, China
Distributed by China International Book Trading Corporation
(GUOJI SHUDIAN)
P. O. Box 399, Beijing, China

Printed in the People's Republic of China

词 汇 总 表
VOCABULARY LIST

A

阿姨	(名)	āyí	auntie	39
啊	(叹)	à	*an interjection*, oh	13
啊	(助)	a	*a modal particle*	17
爱	(动)	ài	to love	45
爱人	(名)	àiren	husband or wife	14
安娜	(专)	Ānnà	*name of a person*	24

B

八	(数)	bā	eight	11
把	(介)	bǎ	*a proposition*	46
把	(量)	bǎ	*a measure word*	47
爸爸	(名)	bàba	father	4
吧	(助)	ba	*a modal particle*	21
白	(形)	bái	white	16
* 白兰地	(名)	báilándì	brandy	27
百	(数)	bǎi	hundred	33
摆	(动)	bǎi	to put; to lay (the table)	48
百货大楼	(专)	Bǎihuò Dàlóu	The (Beijing) Department Store	36
拜年		bài nián	pay a New Year call; wish somebody a happy New	

				Year	48
*	搬	（动）	bān	to move; to take away	42
	班	（名）	bān	class; squad	20
	半	（数）	bàn	half	17
	办	（动）	bàn	to do; to handle; to attend to; to tackle	28
*	办公室	（名）	bàngōngshì	office	47
	帮	（动）	bāng	to help	22
	帮助	（动、名）	bāngzhu	to help; help	22
	包	（动）	bāo	to wrap; to make (dumplings)	46
*	包裹	（名）	bāoguǒ	parcel	34
	薄	（形）	báo	thin	36
	保持	（动）	bǎochí	to keep; to retain	40
	报	（名）	bào	newspaper	15
	爆竹	（名）	bàozhú	firecracker	48
	杯	（量）	bēi	*a measure word*, cup	19
	北边	（名）	běibiān	north; northern part	47
	北海	（专）	Běihǎi	Beihai Park	32
	北京	（专）	Běijīng	Beijing	18
	北京动物园	（专）	Běijīng Dòngwùyuán	the Beijing Zoo	45
	北京语言学院	（专）	Běijīng Yǔyán Xuéyuàn	Beijing Languages Institute	31
	被	（介）	bèi	*a proposition*	49
	本	（量）	běn	*a measure word*	15
	本	（代）	běn	this; one's own; native	34

说　明

为方便读者，现将《实用汉语课本》第一、二册的词汇总表和练习答案汇集成册。词汇总表中加＊号的词是书中的补充词。练习答案部分主要是各课的填充和翻译练习，供读者参考。

本书英文翻译：何培慧、麦秀闲。

编　者

1981年12月

Explanatory Notes

Our *Vocabulary List and Key to Exercises* for *Practical Chinese Reader* (Book I & II) has been published as a separate book for the convenience of learners.

All supplementary words are marked with an asterisk (*). "Key to Exercises" mainly consists of sentence completion exercises and translation exercises, which are for the learner's reference.

This book has been translated into English by He Peihui and Mai Xiuxian.

The Compilers

December, 1981

本子	（名）	běnzi	book; notebook	39
逼	（动）	bī	to force; to compel	49
鼻子	（名）	bízi	nose	32
笔	（名）	bǐ	pen	13
笔	（量）	bǐ	*a measure word*	50
比	（介、动）	bǐ	*a preposition showing comparison*, than; to (in a score)	28
比较	（副、动）	bǐjiào	comparatively; quite; to compare	43
* 毕业	（动）	bìyè	to graduate	44
边	（名）	biān	side; edge (of a lake, etc.)	44
遍	（量）	biàn	*a measure word*	32
表	（名）	biǎo	form (telegraph forms, etc.)	32
表	（名）	biǎo	(wrist) watch	35
别	（副）	bié	don't	19
别的	（代）	biéde	other; another	43
* 别人	（代）	biérén	other people; others	36
冰棍儿	（名）	bīnggùnr	ice-lolly; ice-sucker	42
冰鞋	（名）	bīngxié	skating boots; skates	28
病	（动、名）	bìng	to be ill; illness	32
病房	（名）	bìngfáng	ward (of a hospital)	46
* 病人	（名）	bìngrén	patient; invalid	46
不错	（形）	búcuò	correct; right; not bad; pretty good	25
不但…而且…		búdàn… érqiě…	not only… but also…	49
不	（副）	bù	not; no	3

	布	(名) bù	cotton cloth	37
	不敢当	bù gǎndāng	I don't really deserve it; you flatter me	15
	不好意思	bù hǎoyìsi	to feel embarrassed; to feel embarrassing (to do something)	39
	布朗	(专) Bùlǎng	*name of a person*	21
*	布鞋	(名) bùxié	cloth shoes	37
*	不用	bú yòng	there is no need to	31

C

	才	(副) cái	only just; not… until…	41
	裁判	(名、动) cáipàn	referee; umpire; to act as a referee; to judge	28
	彩旗	(名) cǎiqí	coloured flag	40
	菜	(名) cài	dish; vegetable	27
*	菜单	(名) càidān	menu	43
	参观	(动) cānguān	to visit; to pay a visit	23
	参加	(动) cānjiā	to take part in; to attend	20
	餐厅	(名) cāntīng	dining-hall; restaurant	22
	参赞	(名) cānzàn	counsellor	27
	操场	(名) cāochǎng	sportsground	40
	草	(名) cǎo	glass	44
*	厕所	(名) cèsuǒ	toilet; latrine; lavatory; W.C.	10
	层	(量) céng	*a measure word*, storey	10
	茶	(名) chá	tea	8
	茶馆	(名) cháguǎn	teahouse	49

茶壶 (名) cháhú teapot 36
茶具 (名) chájù tea set; tea service 36
茶碗 (名) cháwǎn teacup 36
差 (动) chà to lack; to be short of 17
常 (副) cháng often 12
尝 (动) cháng to taste 27
长 (形) cháng long 31
长城 (专) Chángchéng The Great Wall 32
长廊 (专) Cháng Láng Long Corridor 44
长短 (名) chángduǎn length 37
唱 (动) chàng to sing 19
* 唱片 (名) chàngpiàn gramophone record 19
* 朝鲜 (专) Cháoxiǎn Korea 9
车 (名) chē vehicle 5
车间 (名) chējiān workshop 39
陈毅 (专) Chén Yì Chen Yi 33
衬衫 (名) chènshān shirt; blouse 16
城 (名) chéng city; town 23
成 (动) chéng to become; to turn into 47
成功 (动) chénggōng to succeed 49
成绩 (名) chéngjī result; achievement 35
成语 (名) chéngyǔ proverb; idiom 26
吃 (动) chī to eat 18
* 尺 (名、量) chǐ ruler 42
崇祯 (专) Chóngzhēn Emperor Chongzhen 41
绸(子) (名) chóu(zi) silk fabric 37
出 (动) chū to come out; to go out 41
初 (头) chū *a prefix* 48

* 出差		chū chāi	to be away on official business; be on a business trip	44
出发	(动)	chūfā	to start out; to set off	23
* 出院		chū yuàn	to leave hospital	47
* 出租汽车		chūzū qìchē	taxi; cab	38
厨房	(名)	chúfáng	kitchen	22
除了…以外		chúle…yǐwài	besides; except	47
* 除夕	(名)	chúxī	New Year's Eve	48
穿	(动)	chuān	to put on; to wear	16
穿(马路)	(动)	chuān (mǎlù)	to cross (a street)	43
船	(名)	chuán	boat	44
窗户	(名)	chuānghu	window	46
窗口	(名)	chuāngkǒu	window	34
床	(名)	chuáng	bed	18
春节	(专)	Chūn Jié	Spring Festival	48
春联	(名)	chūnlián	Spring Festival couplets; New Year scrolls	
春天	(名)	chūntiān	spring	39
词	(名)	cí	word	24
词典	(名)	cídiǎn	dictionary	11
瓷器	(名)	cíqì	chinaware; porcelain	36
次	(量)	cì	*a measure word*, time	31
聪明	(形)	cōngming	intelligent; bright	39
从	(介)	cóng	from	16
* 存车处	(名)	cúnchēchù	parking lot (for bicycles)	43

	错	(形)	cuò	wrong	38
*	错误	(名)	cuòwù	mistake	47

D

	达尼亚	(专)	Dáníyà	*name of a person*	44
	打(电话)	(动)	dǎ (diànhuà)	to make (a telephone call)	23
	打(拳)	(动)	dǎ(quán)	to do (shadowboxing)	40
	打(针)	(动)	dǎ (zhēn)	to give or have an injection	46
*	打错了		dǎ cuò le	(you have dialled the) wrong number	23
	打开	(动)	dǎkāi	to open	50
	打破	(动)	dǎpò	to break	40
	打扫	(动)	dǎsǎo	to clean up	48
	大	(形)	dà	big; large	16
*	大便	(名)	dàbiàn	stool; human excrement	46
	大家	(代)	dàjiā	all; everybody	27
	《大闹天宫》	(专)	«Dànàotiāngōng»	"The Monkey Creates Havoc in Heaven"	32
	大娘	(名)	dàniáng	aunt	38
	大声	(形)	dàshēng	in loud voice; (read, speak, etc.) loudly	34
	大使	(名)	dàshǐ	ambassador	27
	大使馆	(名)	dàshǐguǎn	embassy	27
	大学	(名)	dàxué	university; college	31
	大洋洲	(专)	Dàyáng Zhōu		

Oceania 7

大爷 (名) dàye uncle 38

* 大衣 (名) dàyī overcoat; topcoat 16

带 (动) dài to take (along); to bring (with) 38

戴 (动) dài to wear (e.g. cap, glasses, gloves) 45

* 袋 (名) dài bag; sack 48

代表 (名) dàibiǎo delegate; representative 23

代表团 (名) dàibiǎotuán delegation 23

大夫 (名) dàifu doctor 5

* 单 (名) dān bill; list; form 34

但是 (连) dànshì but 39

当 (动) dāng to serve as; to act as 26

* 当心 (动) dāngxīn to take care; to look out 43

到 (动) dào to go; to arrive; to reach 27

得(病) (动) dé(bìng) to fall ill; to contract a disease 32

* 德国 (专) Déguó Germany 6

的 (助) de *a structural particle* 5

得 (助) de *a structural particle* 25

地 (助) de *a structnral particle* 34

灯 (名) dēng lantern; lamp; light 48

* 灯节 (专) Dēng Jié the Lantern Festival (15th of the first month of the lunar calendar) 48

灯笼 (名) dēnglong lantern 48

等 (动) děng to wait 17

	第	（头）	dì	*a prefix indicating order*	31
	弟弟	（名）	dìdi	younger brother	3
	地方	（名）	dìfang	place	32
*	地铁	（名）	dìtiě	the underground; subway	38
	地图	（名）	dìtú	map	7
	地址	（名）	dìzhǐ	address	20
	点	（量）	diǎn	*a measure word*, o'clock *	17
	点心	（名）	diǎnxin	light refreshments; pastry	24
	典型	（形、名）	diǎnxíng	typical; model	42
	店	（名）	diàn	shop; store	43
*	电报	（名）	diànbào	telegram; cable	34
	电车	（名）	diànchē	trolleybus	38
	电话	（名）	diànhuà	telephone call; telephone	23
	电视	（名）	diànshì	television; TV	23
	电影	（名）	diànyǐng	film; movie	17
*	电影院	（名）	diànyǐngyuàn	cinema	17
	钓	（动）	diào	to fish with a hook and bait	25
	吊	（动）	diào	to hang	41
	丁云	（专）	Dīng Yún	*name of a person*	13
	顶	（量）	dǐng	a *measure word*	28
*	订	（动）	dìng	to subscribe to (a newspaper, etc.)	36
	定作	（动）	dìngzuò	to have something made; to order	37
*	丢	（动）	diū	to lose	41
	东边	（名）	dōngbiān	east; eastern part	38

* verb - k. order

	冬天	（名）	dōngtiān	winter	28
	东西	（名）	dōngxi	thing	30
	懂	（动）	dǒng	to understand	24
	动	（动）	dòng	to move	42
	动物	（名）	dòngwù	animal	45
	动物园	（名）	dòngwùyuán	zoo	45
	都	（副）	dōu	all	3
	豆腐	（名）	dòufu	bean curd	43
*	独唱	（名、动）	dúchàng	solo; to solo	49
*	度	（量）	dù	*a measure word*, degree	33
*	度假		dù jià	to spend one's holidays	44
	短	（形）	duǎn	short	37
	锻炼	（动）	duànliàn	to do physical training	24
	对	（形）	duì	right; correct	13
	队	（名）	duì	team; line	28
	对	（介）	duì	to; for	39
	对不起		duìbuqǐ	(I'm) sorry	41
	对面	（名）	duìmiàn	opposite	22
*	对象	（名）	duìxiàng	boy or girl friend	44
	多	（形）	duō	many; much; a lot of	18
	多	（副）	duō	how	21
	多么	（副）	duōme	how; what	44
	多少	（代）	duōshao	how many; how much; what	10

E

	饿	（动、形）	è	to be hungry; hungry	43
	儿子	（名）	érzi	son	48

耳朵	(名)	ěrduo	ear	32
二	(数)	èr	two	10

F

发烧		fā shāo	to have a fever	46
发展	(动)	fāzhǎn	to develop	36
* 法国	(专)	Fǎguó	France	13
法语	(名)	Fǎyǔ	French	12
翻译	(名、动)	fānyì	interpreter; translator; to interpret; to translate	26
饭	(名)	fàn	meal; cooked rice; food	18
饭馆	(名)	fànguǎn	restaurant	43
* 方便	(形、动)	fāngbiàn	convenient; to make it convenient for	42
方向	(名)	fāngxiàng	direction	38
房间	(名)	fángjiān	room	22
房子	(名)	fángzi	house	22
访问	(动)	fǎngwèn	to visit; to call on	23
放	(动)	fàng	to put; to place	34
放(爆竹)	(动)	fàng (bàozhú)	to let off (firecrackers)	48
放(假)	(动)	fàng(jià)	to have a holiday or vacation	35
放心		fàng xīn	to set one's mind at rest; to be at ease; to rest assured	29
非常	(副)	fēicháng	extremely	21
飞机	(名)	fēijī	plane	29

	非洲	(专)	Fēi Zhōu	Africa	45
	肥	(形)	féi	loose-fitting; fat	37
	肺	(名)	fèi	lungs	32
	肺炎	(名)	fèiyán	pneumonia	32
	分	(量)	fēn	*a measure word (the smallest Chinese monetary unit)*	36
	分	(量)	fēn	a *measure word*, minute	17
	分别	(动)	fēnbié	to part	29
*	分机	(名)	fēnjī	extension	23
	风	(名)	fēng	wind	33
	封	(量)	fēng	a *measure word*	34
	丰富	(形、动)	fēngfù	rich; abundant; to enrich	47
	风景	(名)	fēngjǐng	scenery; landscape	44
*	风俗	(名)	fēngsú	custom	48
	风味	(名)	fēngwèi	local flavour; local style	43
	夫人	(名)	fūren	lady; madame; Mrs.	27
	服务	(动)	fúwù	to serve	43
	服务员	(名)	fúwùyuán	waiter; waitress; attendant	19
	幅	(量)	fǔ	a *measure word*	44
	辅导	(动)	fǔdǎo	to coach	20
	阜城门	(专)	Fùchéngmén	*name of a place in Beijing*	47
	复习	(动)	fùxí	to review	23

G

*	改	(动)	gǎi	to correct	47
	盖儿	(名)	gàir	cover; lid	42
*	肝	(名)	gān	liver	32
	干杯		gān bēi	to drink a toast; to pro-	

			pose a toast	27
干净	（形）	gānjing	clean; neat and tidy	48
感动	（动、形）	gǎndòng	to move; to touch; moving	49
感冒	（动、名）	gǎnmào	to catch cold; (common) cold	46
感想	（名）	gǎnxiǎng	impressions; feeling	47
感谢	（动）	gǎnxiè	to thank	21
干	（动）	gàn	to work; to do	42
刚	（副）	gāng	just; only a short while ago	38
钢铁学院	（专）	Gāngtiě Xuéyuàn	The Beijing Iron and Steel Engineering Institute	38
高	（形）	gāo	tall	37
高兴	（形）	gāoxìng	glad; happy; delighted	21
告诉	（动）	gàosu	to tell	14
歌儿	（名）	gēr	song	19
哥哥	（名）	gēge	elder brother	3
* 歌剧	（名）	gējù	opera	26
个	（量）	gè	*a measure word*	15
各	（代、副）	gè	each; every; various; respectively	43
* 个子	（名）	gèzi	height; stature; build	32
给	（介、动）	gěi	to; for; to give	14
跟	（介、动）	gēn	with; to follow; to accompany	17
更	（副）	gèng	even; still	21
工厂	（名）	gōngchǎng	factory	23
* 工程师	（名）	gōngchéngshī		

				engineer	14
	工地	(名)	gōngdì	construction site	42
	公分	(量)	gōngfēn	*a measure word*, centimetre	37
	公共	(形)	gōnggòng	public	38
	公共汽车		gōnggòng qìchē	bus	38
	恭贺新禧		gōnghèxīnxǐ	Happy New Year	48
*	公斤	(量)	gōngjīn	kilogram (kg.)	42
	公平	(形)	gōngpíng	fair	28
	工人	(名)	gōngrén	worker	23
*	公司	(名)	gōngsī	company	14
	公园	(名)	gōngyuán	park	33
	工作	(动、名)	gōngzuò	to work; work	14
	够	(形)	gòu	enough; sufficient	43
	姑娘	(名)	gūniang	girl	21
	古	(形)	gǔ	ancient	33
	古波	(专)	Gǔbō	*name of a person*	13
	古典	(名)	gǔdiǎn	classical; classic	19
	鼓掌		gǔ zhǎng	to applaud	40
	故宫	(专)	Gùgōng	the Imperial Palace	41
	故居	(名)	gùjū	former residence	47
	顾客	(名)	gùkè	customer	43
	故事	(名)	gùshi	story	38
	顾问	(名)	gùwèn	adviser	42
	刮(风)	(动)	guā(fēng)	to blow (said of wind)	33
	挂	(动)	guà	to hang; to put up	34
	挂号		guà hào	to register (a letter, etc.)	34
*	挂号证	(名)	guàhàozhèng	register card	46

	拐弯		guǎiwān	to turn a corner	38
	关	(动)	guān	to close; to shut	46
	关心	(动)	guānxīn	to care for; to be concerned with	39
	观众	(名)	guānzhòng	spectator; audience	40
	广播	(动)	guǎngbō	to broadcast	40
*	广播室	(名)	guǎngbōshì	broadcasting room	41
*	广播员	(名)	guǎngbōyuán	radio (or wire-broadcasting) announcer	41
	广场	(名)	guǎngchǎng	square	41
	广州	(专)	Guǎngzhōu	*name of a city*	44
*	贵	(形)	guì	expensive	36
	柜台	(名)	guìtái	counter	34
	贵姓		guì xìng	What's your name? May I ask your name?	9
	郭沫若	(专)	Guō Mòruò	Guo Moruo	26
	国	(名)	guó	country; state	6
	国际	(名)	guójì	international	31
	国家	(名)	guójiā	country; state	30
	过	(动)	guò	to live; to get along	30
	过	(动)	guò	to come over; to pass by	41
	过	(助)	guo	*a structural particle*	32

H

还	(副)	hái	else; in addition; still	15
还是	(连)	háishì	or	19
孩子	(名)	háizi	child	14
海	(名)	hǎi	sea	50

寒假	（名）	hánjià	winter vacation	35
喊	（动）	hǎn	to shout	44
汉语	（名）	Hànyǔ	Chinese (language)	6
汉字	（名）	Hànzì	Chinese character	15
航空	（名）	hángkōng	air (mail)	34
好	（形）	hǎo	good; well	1
好吃	（形）	hǎochī	delicious; tasty	43
好看	（形）	hǎokàn	good-looking	21
号	（名）	hào	number	10
号	（名）	hào	date; day of the month	20
* 号码	（名）	hàomǎ	number	23
喝	（动）	hē	to drink	8
和	（连、介）	hé	and; with	13
河	（名）	hé	river	25
* 合唱	（名、动）	héchàng	chorus; to chorus	49
合适	（形）	héshì	suitable; fit	37
黑	（形）	hēi	black; dark	48
黑暗	（形）	hēi'àn	dark	49
很	（副）	hěn	very	2
红	（形）	hóng	red	19
红茶	（名）	hóngchá	black tea	19
红莲	（名）	hónglián	red lotus	50
* 红绿灯	（名）	hónglǜdēng	(red and green) traffic light; traffic signal	38
红叶	（名）	hóngyè	red autumnal leaves (of the maple, etc.)	33
* 厚	（形）	hòu	thick	36
后边	（名）	hòubiān	back; at the back of; be-	

			hind	22
后来	(名)	hòulái	afterwards; later	45
壶	(名、量)	hú	pot; a *measure word*	36
湖	(名)	hú	lake	44
* 胡同	(名)	hútòng	lane; alley	38
* 护士	(名)	hùshi	nurse	46
互相	(副)	hùxiāng	each other; muturally	15
* 护照	(名)	hùzhào	passport	31
花	(动)	huā	to spend (money)	37
花儿	(名)	huār	flower	21
花茶	(名)	huāchá	scented tea	19
花园	(名)	huāyuán	garden	22
华表	(名)	huábiǎo	marble pillar (an ornamental column erected in front of palaces, tombs, etc.)	42
滑冰		huá bīng	to skate; skating	28
华侨	(名)	huáqiáo	overseas Chinese	31
* 滑雪		huá xuě	to ski, skiing	28
话	(名)	huà	words; talk	31
画	(动)	huà	to paint; to draw	36
画儿	(名)	huàr	picture; painting	36
画报	(名)	huàbào	pictorial	11
话剧	(名)	huàjù	spoken drama	49
* 画蛇添足		huàshétiānzú	(fig.) ruin the effect by adding what is superfluous	36
画展	(名)	huàzhǎn	art exhibition	50
怀念	(动)	huáiniàn	to cherish the memory of;	

			to think of	47
坏	(形)	huài	bad; (there is something) wrong with	49
欢迎	(动)	huānyíng	to welcome	8
还	(动)	huán	to return	11
换	(动)	huàn	to change	38
黄	(专)	Huáng	*a surname*	48
皇帝	(名)	huángdì	emperor	41
黄河	(专)	Huáng Hé	the Huanghe (Yellow) River	7
灰	(形)	huī	grey	37
* 恢复	(动)	huīfù	to recover	47
回	(动)	huí	to return; to go back	17
回答	(动)	huídá	to reply; to answer	24
会	(能动、动)	huì	can; to know how to	26
活	(动、形)	huó	to live; alive; living	47
活儿	(名)	huór	work; job	42
火车	(名)	huǒchē	train	24
火腿	(名)	huǒtuǐ	ham	25
货	(名)	huò	goods; commodity	36
或者	(连)	huòzhě	or	26

J

迹	(名)	jī	trace; track; sign	33
机场	(名)	jīchǎng	airfield; airport	29
* 鸡蛋	(名)	jīdàn	hen's egg	25
激动	(形)	jīdòng	excited	40
机会	(名)	jīhuì	chance; opportunity	35

…极了		jíle	extremely; exceedingly	40
几	（代）	jǐ	how many; how much; several	15
挤	（形、动）	jǐ	crowded; to squeeze	41
寄	（动）	jì	to post; to mail	34
记	（动）	jì	to remember; to bear in mind	39
记录	（名）	jìlù	record	40
* 纪念	（动、名）	jìniàn	to commemorate; commemoration	47
家	（名）	jiā	family; home; house	14
加深	（动）	jiāshēn	to deepen	26
假期	（名）	jiàqī	vacation	35
* 价钱	（名）	jiàqián	price	36
间	（量）	jiān	*a measure word*	47
检查	（动、名）	jiǎnchá	to have a check-up; check-up; a physical examination	32
简朴	（形）	jiǎnpǔ	simple and unadorned	47
件	（量）	jiàn	*a measure word*	16
见	（动）	jiàn	to meet; to see	29
健康	（名、形）	jiànkāng	health; healthy	27
见面		jiàn miàn	to meet (or see) each other	29
建设	（动、名）	jiànshè	to build; to construct; construction	31
建筑	（名、动）	jiànzhù	building; to build; to construct	41
江西	（专）	Jiāngxī	*name of a Chinese province*	36

讲	(动)	jiǎng	to tell; to speak; to explain (text, etc.)	38
讲解	(动)	jiǎngjiě	to explain	47
讲解员	(名)	jiǎngjiěyuán	guide	47
奖状	(名)	jiǎngzhuàng	certificate of merit	42
教	(动)	jiāo	to teach	15
交	(动)	jiāo	to pay (money)	37
脚	(名)	jiǎo	foot	41
饺子	(名)	jiǎozi	dumpling	46
叫	(动)	jiào	to call; to be called	9
* 叫	(动)	jiào	to hire; to call (a taxi, etc.)	29
叫	(介)	jiào	*a proposition*	49
教练	(名)	jiàoliàn	coach; trainer	25
* 教室	(名)	jiàoshì	classroom	15
* 教授	(名)	jiàoshòu	professor	13
* 街	(名)	jiē	street	38
接	(动)	jiē	to extend; to connect	47
接(电话)	(动)	jiē(diànhuà)	to answer (the phone)	23
接(人)	(动)	jiē(rén)	to meet (a person)	23
街道	(名)	jiēdào	street	39
节	(名)	jié	festival	48
* 结婚		jié hūn	to get married	20
* 节目	(名)	jiémù	programme; item	49
节日	(名)	jiérì	festival; holiday	48
* 解	(动)	jiě	to relieve oneself	46
解放	(动)	jiěfàng	to liberate	36

姐姐	（名）	jiějie	elder sister	14
借	（动）	jiè	to borrow; to lend	49
介绍	（动）	jièshào	to introduce	13
今年	（名）	jīnnián	this year	20
今天	（名）	jīntiān	today	20
紧	（形）	jǐn	close; tight; taut	29
进	（动）	jìn	to enter; to come in	8
近	（形）	jìn	near	44
进步	（名、动）	jìnbù	progress; advance; to progress; to make progress	29
* 进来		jìn lái	to come in; to enter	26
京剧	（名）	jīngjù	Beijing opera	16
* 经理	（名）	jīnglǐ	manager; director	14
景德镇	（专）	Jǐngdézhèn	*name of a Chinese city*	36
景山	（专）	Jǐng Shān	*name of a hill in Jingshan park*	41
景山公园	（专）	Jǐngshān Gōngyuán	*name of a park in Beijing*	41
镜头	（名）	jìngtóu	camera lens	42
镜子	（名）	jìngzi	mirror	44
九	（数）	jiǔ	nine	11
酒	（名）	jiǔ	wine; spirit	27
旧	（形）	jiù	old	16
就	（副）	jiù	at once; right away	26
桔子	（名）	júzi	orange	19
桔子水	（名）	júzishuǐ *	orangeade; orange juice	19
句	（量）	jù	*a measure word, for sentences or lines of verse*	39

* or júzizhī 汁 (= pure orange juice)

剧场	(名)	jùchǎng	theatre	49
绝	(动、副)	jué	to disappear; to vanish; by no means	33
觉得	(动)	juéde	to think; to feel	33
决定	(动、名)	juédìng	to decide; to make up one's mind; decision	44

K

咖啡	(名)	kāfēi	coffee	17
咖啡馆	(名)	kāfēiguǎn	café	17
开	(动)	kāi	to open	21
开(车)	(动)	kāi (chē)	to drive (a car)	23
开(花儿)	(动)	kāi(huār)	(of flowers) to open out; blossom	33
* 开会		kāi huì	to hold or to attend a meeting	31
开始	(动)	kāishǐ	to begin; to start	27
开学		kāi xué	school opens; new term begins	35
* 开演	(动)	kāiyǎn	(of a play, movie, etc.) to begin	49
看	(动)	kàn	to see; to look; to read; to watch	7
看(病)	(动)	kàn(bìng)	to see (a doctor, etc.)	32
考	(动)	kǎo	to test	35
考试	(动、名)	kǎoshì	to test; examination	35
科	(名)	kē	department (of internal medicine, etc.)	46

咳嗽	(动)	késou	to cough	46
* 渴	(形)	kě	thirsty	43
可爱	(形)	kě'ài	lovely	45
可能	(能动、形)	kěnéng	may; probable; possible	46
可是	(连)	kěshì	but	26
可笑	(形)	kěxiào	funny; rediculous	45
可以	(能动)	kěyǐ	may	26
刻	(量)	kè	*a measure word*, quarter (of an hour)	17
课	(名、量)	kè	class; lesson	17
客气	(形)	kèqi	polite; courteous	8
客人	(名)	kèren	guest; visitor	39
客厅	(名)	kètīng	drawing room; parlour	22
课文	(名)	kèwén	text	23
空儿	(名)	kòngr	spare time	20
口语	(名)	kǒuyǔ	spoken language	15
哭	(动)	kū	to cry; to weep	30
* 裤子	(名)	kùzi	trousers	16
快	(形)	kuài	fast; quick	25
块(元)	(量)	kuài (yuán)	*a measure word (a Chinese monetary unit, equal to* 10 *jiao or mao)*	36
筷子	(名)	kuàizi	chopsticks	27
宽	(形)	kuān	wide	42
矿泉水	(名)	kuàngquánshuǐ	mineral water	25
昆明湖	(专)	Kūnmíng Hú	Kunming Lake	44

L

*拉	（动）	lā	to play (string instruments)	31
来	（动）	lái	to come	13
蓝	（形）	lán	blue	37
兰花	（名）	lánhuā	cymbidium; orchid	50
*篮球	（名）	lánqiú	basketball	28
劳动	（动）	láodòng	to labour; to work	49
老	（形）	lǎo	old; aged	31
老虎	（名）	lǎohǔ	tiger	47
老骥伏枥，志在千里		lǎojìfúlì, zhìzàiqiānlǐ	an old steed in the stable still aspires to gallop a thousand *li*; (fig.) old people may still cherish high aspirations	39
姥姥	（名）	lǎolao	(maternal) grandmother; grandma	46
老舍	（专）	Lǎo Shě	*name of a person*	49
老师	（名）	lǎoshī	teacher	6
了	（助）	le	*a modal particle*	13
累	（动）	lèi	to feel tired	43
冷	（形）	lěng	cold	33
离	（介）	lí	from	30
离开	（动）	líkāi	to leave	29
李	（专）	Lǐ	*a surname*	27
里边	（名）	lǐbiān	inside	22
礼堂	（名）	lǐtáng	assembly hall; auditorium	42

礼物	（名）	lǐwù	gift; present	48
理想	（形、名）	lǐxiǎng	ideal	26
李自成	（专）	Lǐ Zìchéng	*name of a person*	41
立	（动）	lì	to stand; to erect	33
厉害	（形）	lìhai	serious; terrible	46
立刻	（副）	lìkè	immediately; at once	46
丽丽	（专）	Lìlì	*name of a panda*	45
历史	（名）	lìshǐ	history	36
利用	（动）	lìyòng	to use; to make use of	35
俩	（数量）	liǎ	*a numeral-measure word*, two; both	26
连…也…		lián…yě	even	49
练习	（名、动）	liànxí	exercise; to practise	24
量	（动）	liáng	to measure	32
*凉快	（形）	liángkuai	nice and cold; pleasantly cool	33
*粮食	（名）	liángshi	grain; food	48
两	（数）	liǎng	two	16
辆	（量）	liàng	*a measure word for vehicles*	37
*亮	（形）	liàng	light; bright	43
了	（动）	liǎo	to end up	42
了解	（动）	liǎojiě	to understand; to know	26
*料子	（名）	liàozi	material	37
邻居	（名）	línjū	neighbour	39
临摹	（动）	línmó	to copy (a model of calligraphy or painting, etc.)	50
〇	（数）	líng	zero	10
零	（数）	líng	zero	36

*	零钱	（名）	língqián	change (said of money)	36
	留	（动）	liú	to remain; to ask somebody to stay	39
*	流利	（形）	liúlì	fluent	25
	留学生	（名）	liúxuéshēng	a student who studies abroad	9
	留言		liú yán	to leave one's comments; to leave a message	47
	留言簿	（名）	liúyánbù	visitors' book	47
	六	（数）	liù	six	11
	隆冬	（名）	lóngdōng	midwinter; the depth of winter	33
	楼	（名）	lóu	storied building; floor	27
	鲁迅	（专）	Lǔ Xùn	Lu Xun	26
	路	（名）	lù	road; way	17
*	路口	（名）	lùkǒu	crossing; intersection	38
	录音		lù yīn	to record; recording	46
	录音机	（名）	lùyīnjī	(tape) recorder	46
*	旅馆	（名）	lǚguǎn	hotel	41
	旅行	（动）	lǚxíng	to travel	44
	绿	（形）	lǜ	green	16
*	绿茶	（名）	lǜchá	green tea	19
*	绿灯	（名）	lǜdēng	green light	43
	《骆驼祥子》	（专）	《Luòtuoxiángzi》	*name of a novel*	49

M

	妈妈	（名）	māma	mother	4

麻烦 (动、形) máfan to bother; to put somebody to trouble; troublesome 48

马 (名) mǎ horse 38

* 马里 (专) Mǎlǐ Mali 6

马路 (名) mǎlù road; street 38

吗 (助) ma *an interrogative particle* 2

买 (动) mǎi to buy 13

卖 (动) mài to sell 49

慢 (形) màn slow 25

忙 (形) máng busy 3

毛(角) (量) máo (jiǎo) *a measure word (a Chinese monetary unit, equal to* 10 *fen)* 10

茅台酒 (名) máotáijiǔ Maotai (a Chinese strong drink) 27

* 毛衣 (名) máoyī woollen sweater 37

毛主席 (专) Máo Zhǔxí Chairman Mao 42

贸易 (名) màoyì trade 44

帽子 (名) màozi hat; cap 28

没 (副) méi not; no 14

没(有) (副) méi (you) not; no 23

没关系 méi guānxi it doesn't matter 41

梅花 (名) méihuā plum blossom 33

每 (代) měi every; each 18

美 (形) měi beautiful 41

美国 (专) Měiguó the United States (of America) 31

妹妹 (名) mèimei younger sister 14

门	(名)	mén	door	21
门口	(名)	ménkǒu	doorway; entrance	41
米	(量)	mǐ	*a measure word*, metre	37
棉袄	(名)	mián'ǎo	cotton-padded jacket	37
面儿	(名)	miànr	cover; outside	37
面包	(名)	miànbāo	bread	25
秒	(量)	miǎo	*a measure word*, second	40
民歌	(名)	míngē	folk song	19
* 民乐	(名)	mínyuè	music, esp. folk music, for traditional instruments	49
名	(量)	míng	*a measure word for people*; *a measure word*, place (e.g. among winners)	40
明年	(名)	míngnián	next year	29
明天	(名)	míngtiān	tomorrow	23
明信片	(名)	míngxìnpiàn	postcard	34
名字	(名)	míngzi	name	13
* 摩托车	(名)	mótuōchē	motorcycle	41
墨镜	(名)	mòjìng	sunglasses	45
母亲	(名)	mǔqin	mother	44

N

拿	(动)	ná	to get; to take	32
哪	(代)	nǎ	which	6
哪儿	(代)	nǎr	where	10
哪里	(代)	nǎli	it is nothing	25
那	(代)	nà	that	5
那儿	(代)	nàr	there	15

	奶酪	（名）	nǎilào	cheese	25
	男	（名）	nán	male	13
	难	（形）	nán	difficult	24
	南边	（名）	nánbiān	south; southern part	38
	难过	（形）	nánguò	sad	29
	南京	（专）	Nánjīng	Nanjing (city)	34
	南美洲	（专）	Nán Měi Zhōu	South America	7
	南亚	（专）	Nán Yà	South Asia	45
*	南辕北辙		nányuán-běizhé	(fig.) act in a way that defeats one's purpose	38
	男子	（名）	nánzǐ	man	40
	呢	（助）	ne	*a modal particle*	2
	内科	（名）	nèikē	medical department	32
	能	（能动）	néng	can; to be able to	26
	你	（代）	nǐ	you (sing.)	1
	你们	（代）	nǐmen	you (pl.)	4
	年	（名）	nián	year	20
	年	（名）	nián	New Year	48
	年画儿	（名）	niánhuàr	New Year (or Spring Festival) picture	48
	年轻	（形）	niánqīng	young	21
*	年夜饭	（名）	niányèfàn	New Year's Eve family dinner	48
	念	（动）	niàn	to read aloud	24
	您	（代）	nín	*polite form of* “你”	8
*	牛	（名）	niú	ox; cattle	47
	牛奶	（名）	niúnǎi	milk	43

	农村	（名）	nóngcūn	countryside; rural areas	24
	农民	（名）	nóngmín	peasant	24
	努力	（形）	nǔlì	hard-working; studious	29
	女	（名）	nǚ	female	12
	女儿	（名）	nǚ'ér	daughter	30
*	女高音	（名）	nǚgāoyīn	soprano	49
	女士	（名）	nǚshì	*a polite form of address to a woman*, lady; madam	9
*	暖和	（形）	nuǎnhuo	warm; nice and warm	33

O

*	欧洲	（专）	Ōu Zhōu	Europe	7

P

	爬	（动）	pá	to climb	44
	怕	（动）	pà	to be afraid; to fear	33
	帕兰卡	（专）	Pàlánkǎ	*name of a person*	13
	排队		pái duì	to line up	38
*	排球	（名）	páiqiú	volleyball	28
	牌子	（名）	páizi	sign; plate	34
	旁边	（名）	pángbiān	side	22
	《彷徨》	（专）	《Pánghuáng》	*name of a collection of short stories*	47
*	胖	（形）	pàng	fat; stout; plump	37
	跑	（动）	pǎo	to run	38
	培养	（动）	péiyǎng	to foster; to bring up	47
	朋友	（名）	péngyou	friend	4
	啤酒	（名）	píjiǔ	beer	19

篇	（量）	piān	*a measure word*	47
便宜	（形）	piányi	cheap	36
*片	（量）	piàn	*a measure word*, tablets	46
票	（名）	piào	ticket	16
漂亮	（形）	piàoliang	pretty; beautiful	21
*乒乓球	（名）	pīngpāngqiú	table tennis	28
瓶	（量）	píng	*a measure word*, bottle	19
平安里	（专）	Píng'ānlǐ	*name of a street in Beijing*	38
*平方米	（量）	píngfāngmǐ	square metre	42
*苹果	（名）	píngguǒ	apple	19
*平信	（名）	píngxìn	ordinary mail	34
葡萄	（名）	pútao	grape	27
葡萄酒	（名）	pútaojiǔ	grape wine	27

Q

七	（数）	qī	seven	11
骑	（动）	qí	to ride (a bicycle)	37
齐白石	（专）	Qí Báishí	*name of a person*	36
奇怪	（形）	qíguài	surprised; strange	35
*旗袍	（名）	qípáo	Chinese-style frock	37
旗子	（名）	qízi	flag; banner	40
起	（动）	qǐ	to get up; to rise	18
起床		qǐ chuáng	to get up	18
起飞	（动）	qǐfēi	to take off	29
汽车	（名）	qìchē	automobile; car	38
气人		qì rén	to get someone angry; to get someone annoyed	28
千	（数）	qiān	thousand	42

签证 (名) qiānzhèng visa; visé 28
钱 (名) qián money 35
前边 (名) qiánbiān front 25
墙 (名) qiáng wall 34
敲 (动) qiāo to knock (at a door) 33
桥 (名) qiáo bridge 44
亲爱 (形) qīn'ài dear 48
亲切 (形) qīnqiè cordial; kind 43
青 (形) qīng green 44
清楚 (形) qīngchu clear 41
青年 (名) qīngnián youth 47
晴 (形) qíng (of weather) fine; bright; clear 33
情况 (名) qíngkuàng condition; situation; state of affairs 35
请 (动) qǐng please 8
请问 (动) qǐngwèn May I ask…? 9
秋天 (名) qiūtiān autumn 29
球 (名) qiú ball 28
屈服 (动) qūfú to surrender; to yield 33
去 (动) qù to go 12
去年 (名) qùnián last year 30
全 (形) quán whole 48
* 群众 (名) qúnzhòng mass; people 47
裙子 (名) qúnzi skirt 16

R

让 (动) ràng to let; to ask 19

让	（介）	ràng	*a proposition*	49
热	（形）	rè	hot	33
热烈	（形）	rèliè	warm; enthusiastic	40
热情	（形）	rèqíng	cordial; enthusiastic	30
人	（名）	rén	person	6
人民	（名）	rénmín	people	26
人民大会堂	（专）	Rénmín Dàhuìtáng	Great Hall of the People	42
《人民日报》	（专）	《Rénmínrìbào》	"the People's Daily"	23
人民英雄纪念碑	（专）	Rénmín Yīngxióng jìniànbēi	Monument to the People's Heroes	42
人物	（名）	rénwù	figure; characters (in a play, novel,etc.)	44
认识	（动）	rènshi	to know; to be familiar with; to recognize	12
认真	（形）	rènzhēn	conscientious; serious; in earnest	24
日	（名）	rì	date; day of the month	20
日本	（专）	Rìběn	Japan	21
日记	（名）	rìjì	diary	49
容易	（形）	róngyì	easy	26

S

赛	（动）	sài	to compete; competition; match	28
三	（数）	sān	three	10

《三国演义》	(专)	《Sānguó-yǎnyì》	*name of a novel*, "Romance of the Three Kingdoms"	44
三里河	(专)	Sānlǐhé	*name of a street in Beijing*	38
三里屯	(专)	Sānlǐtún	*name of a street in Beijing*	38
扫	(动)	sǎo	to sweep	48
杀	(动)	shā	to kill	49
山	(名)	shān	hill; mountain	41
商店	(名)	shāngdiàn	shop	13
上	(动)	shàng	to get on; to get into; to board	29
上(次)	(名)	shàng (cì)	last (time); a previous (occasion)	37
上(课)	(动)	shàng(kè)	to attend (a class); to teach (in a class)	17
* 上班		shàng bān	to go to work; to start working	17
上边	(名)	shàngbiān	top; on; over; above	22
上海	(专)	Shànghǎi	Shanghai	31
上午	(名)	shàngwǔ	morning	18
* 上衣	(名)	shàngyī	upper outer garment; jacket	16
少	(形)	shǎo	few; little	22
社会	(名)	shèhuì	society	49
社会主义	(名)	shèhuìzhǔyì	socialism	31
设计	(动)	shèjì	to design	47
谁	(代)	shéi	who	6
身体	(名)	shēntǐ	body; health	29
什么	(代)	shénme	what	7

* 生	(动)	shēng	to be born	44
生产	(动)	shēngchǎn	to produce; to manufacture	36
生词	(名)	shēngcí	new word	24
生活	(名、动)	shēnghuó	life; to live	47
生命	(名)	shēngmìng	life	32
生日	(名)	shēngri	birthday	20
圣诞节	(专)	Shèngdàn Jié	Christmas Day	48
诗	(名)	shī	poem; poetry; verse	33
师傅	(名)	shīfu	master worker	43
* 诗歌	(名)	shīgē	poem	26
狮子	(名)	shīzi	lion	42
十	(数)	shí	ten	11
石(头)	(名)	shí(tou)	stone; rock	42
时候	(名)	shíhou	time	18
时间	(名)	shíjiān	(the duration of) time; (a point of) time	31
食堂	(名)	shítáng	dining-hall	17
实现	(动)	shíxiàn	to realize; to achieve	31
* 实验室	(名)	shíyànshì	laboratory	15
使者	(名)	shǐzhě	emissary; envoy	45
是	(动)	shì	to be	4
试	(动)	shì	to try	27
市	(名)	shì	city	34
事儿	(名)	shìr	business; thing	17
世界	(名)	shìjiè	the world	50
逝世	(动)	shìshì	to pass away	50
收	(动)	shōu	to receive	34

* 收据	（名）	shōujù	receipt	34
收拾	（动）	shōushi	to put in order; to tidy up	48
* 收音机	（名）	shōuyīnjī	radio	34
首	（量）	shǒu	*a measure word*	33
手	（名）	shǒu	hand	46
首都	（名）	shǒudū	capital of a country	31
首都国际机场	（专）	Shǒudū Guójì Jīchǎng	the Capital International Airport, Beijing	31
首都剧场	（专）	Shǒudū Jùchǎng	the Capital Theatre	49
手续	（名）	shǒuxù	formalities	31
瘦	（形）	shòu	tight; thin; lean	37
售货员	（名）	shòuhuòyuán	shop assistant	36
* 售票处	（名）	shòupiàochù	ticket office; booking office	41
售票员	（名）	shòupiàoyuán	ticket seller; conductor	38
书	（名）	shū	book	5
输	（动）	shū	to lose	28
书店	（名）	shūdiàn	bookstore	14
书房	（名）	shūfáng	study	22
舒服	（形）	shūfu	comfortable; well	46
* 书架	（名）	shūjià	bookshelf	39
叔叔	（名）	shūshu	father's younger brother; uncle	39
暑假	（名）	shǔjià	summer vacation	35
束	（量）	shù	*a measure word*, bunch	21

树 (名) shù tree 33

双 (量) shuāng *a measure word*, pair 28

水 (名) shuǐ water 19

睡觉 shuì jiào to go to bed; to sleep 18

说 (动) shuō to speak; to say 13

*说明书 (名) shuōmíngshū synopsis (of a play or film) 49

司机 (名) sījī driver 41

死 (动) sǐ to die 41

四 (数) sì four 10

送 (动) sòng to give as a present; to give 21

送(人) (动) sòng (rén) to see (or walk) someone home; to see (someone) off 30

*送行 (动) sòngxíng to see someone off 29

宿舍 (名) sùshè dormitory 10

虽然 (连) suīrán though; although 39

岁 (量) suì *a measure word*, year (age) 20

岁数 (名) suìshu age 42

所以 (连) suǒyǐ so; therefore; as a result 29

T

他 (代) tā he; him 3

她 (代) tā she; her 5

它 (代) tā it 44

他们 (代) tāmen they; them 3

她们 (代) tāmen they; them (for females) 12

它们	（代）	tāmen	they (refers to things, animals)	45
塔	（名）	tǎ	pagoda	44
太	（副）	tài	too; too much	16
太极拳	（名）	tàijíquán	*a kind of traditional Chinese shadowboxing*	40
太太	（名）	tàitai	Mrs.; madame	21
太阳	（名）	tàiyang	the sun	44
谈	（动）	tán	to talk	26
* 探亲		tàn qīn	to go home to visit one's family	44
汤	（名）	tāng	soup	25
糖	（名）	táng	sugar	43
唐山	（专）	Tángshān	*name of a city*	36
躺	（动）	tǎng	to lie	46
套	（量）	tào	*a measure word*, set	36
疼	（形）	téng	ache; pain; sore	46
藤野	（专）	Téngyě	*name of a person*	47
踢	（动）	tī	to kick	28
提	（动）	tí	to suggest; to put forward	43
提高	（动）	tígāo	to increase; to improve	36
体温	（名）	tǐwēn	(body) temperature	46
* 体育场	（名）	tǐyùchǎng	stadium	28
天	（名）	tiān	day	18
天	（名）	tiān	sky; heaven	44
天安门	（专）	Tiān'ānmén	Tiananmen (Gate of Heavenly Peace)	34

天安门广场（专）

			Tiān'ānmén Guǎngchǎng	Tiananmen Square	41
	天气	(名)	tiānqì	weather	31
*	填	(动)	tián	to fill	32
	条	(量)	tiáo	*a measure word*	16
*	条子	(名)	tiáozi	a short note; a slip of paper	39
	跳	(动)	tiào	to jump	44
	跳舞		tiào wǔ	to dance	21
	贴	(动)	tiē	to paste	48
	听	(动)	tīng	to listen	19
	听说		tīng shuō	it is said that	41
	停	(动)	tíng	to stop; to come to a stop	25
	挺立	(动)	tǐnglì	to stand erect; to stand upright	50
	亭子	(名)	tíngzi	pavilion	41
	同学	(名)	tóngxué	classmate; schoolmate	20
	同志	(名)	tóngzhì	comrade	31
	头	(名)	tóu	head	45
*	头发	(名)	tóufa	hair (on the human head)	32
	透视	(动)	tòushì	to examine by fluoroscope; to take X-ray examination	32
	图片	(名)	túpiàn	picture; photograph	34
	图书馆	(名)	túshūguǎn	library	15
	兔子	(名)	tùzi	hare; rabbit	48
	团聚	(动)	tuánjù	to reunite; to have a reunion	48
*	推	(动)	tuī	to push	43

腿	(名)	tuǐ	leg	45
退休	(动)	tuìxiū	to retire	39

W

* 袜子	(名)	wàzi	socks; stockings	37
外边	(名)	wàibiān	outside	23
外国	(名)	wàiguó	foreign country	45
外语	(名)	wàiyǔ	foreign language	9
豌豆赵	(专)	Wāndòu Zhào	*name of a person*	43
豌豆粥	(名)	wāndòuzhōu	pea gruel	43
完	(动)	wán	to finish; to be over	39
玩儿	(动)	wánr	to play; to have fun with	23
完成	(动)	wánchéng	to complete; to finish	42
晚	(形)	wǎn	late	25
碗	(名、量)	wǎn	bowl; *a measure word*, bowl	36
* 晚饭	(名)	wǎnfàn	supper	26
晚上	(名)	wǎnshang	evening	16
万	(数)	wàn	ten thousand	42
万寿山	(专)	Wànshòu Shān	Longevity Hill	44
王	(专)	Wáng	*a surname*	15
王书文	(专)	Wáng Shūwén	*name of a person*	24
往	(动)	wǎng	to go (to a place)	38
* 网球	(名)	wǎngqiú	~~badminton~~ tennis	28
忘	(动)	wàng	to forget	29

往	（介）	wàng	toward; (train) bound for	38
微笑	（动）	wēixiào	to smile	50
尾巴	（名）	wěiba	tail	47
伟大	（形）	wěidà	great	47
喂	（叹）	wèi	*an interjection*, hello	13
位	（量）	wèi	*a measure word*	25
为	（介）	wèi	for; to	27
*胃	（名）	wèi	stomach	32
为什么		wèi shénme	why	34
文化	（名）	wénhuà	culture	27
文学	（名）	wénxué	literature	26
文学家	（名）	wénxuéjiā	writer; man of letters	47
文章	（名）	wénzhāng	writings	47
问	（动）	wèn	to ask	9
问题	（名）	wèntí	question; problem	18
我	（代）	wǒ	I; me	2
我们	（代）	wǒmen	we; us	6
卧室	（名）	wòshì	bedroom	22
屋(子)	（名）	wū (zi)	room	48
五	（数）	wǔ	five	10
*舞蹈	（名）	wǔdǎo	dance	49
午饭	（名）	wǔfàn	lunch	28
*武官	（名）	wǔguān	military attaché	27
舞会	（名）	wǔhuì	dance; ball	20
*雾	（名）	wù	fog; mist	33

X

西边	（名）	xībiān	west; western part	41

西三条	(专)	Xīsāntiáo	*name of a place in Beijing*	47
希望	(动、名)	xīwàng	to hope; to wish; hope; wish	31
吸烟		xī yān	to smoke	8
吸引	(动)	xīyǐn	to attract; to draw	49
* 西装	(名)	xīzhuāng	Western-style suit	37
* 习惯	(动、名)	xíguàn	to be used to; to be accustomed to; habit; custom	33
洗	(动)	xǐ	to wash	41
洗(照片)	(动)	xǐ(zhàopiàn)	to develop (a film)	42
喜欢	(动)	xǐhuan	to like; to be fond of	19
洗澡		xǐ zǎo	to take a bath	22
洗澡间	(名)	xǐzǎojiān	bath-room	22
系	(名)	xì	department; faculty	15
下	(动)	xià	to get off (bus, etc.)	38
下(课)	(动)	xià(kè)	class is over or dismissed	17
下(星期)	(名)	xià (xīngqī)	next (week)	37
下(雨)	(动)	xià(yǔ)	to rain	33
* 下班		xià bān	to come or go off work	17
下边	(名)	xiàbiān	below; under; underneath	34
* 夏历	(名)	xiàlì	the traditional Chinese calendar	48
夏天	(名)	xiàtiān	summer	29
下午	(名)	xiàwǔ	afternoon	18
先	(副)	xiān	first	32

先生	（名）	xiānsheng	Mr.; sir; gentleman	12
现代	（名）	xiàndài	modern	19
现代化	（名）	xiàndàihuà	modernization	31
现在	（名）	xiànzài	now; nowadays	11
* 香槟酒	（名）	xiāngbīnjiǔ	champagne	27
* 香蕉	（名）	xiāngjiāo	banana	19
香山	（专）	Xiāng Shān	Fragrance Hill (Park)	33
箱子	（名）	xiāngzi	suitcase	28
想	（动、能动）	xiǎng	to want; to think; to miss	14
象	（动）	xiàng	to be like; to resemble; to take after	21
象	（名）	xiàng	elephant	45
向导	（名）	xiàngdǎo	guide	41
小	（形）	xiǎo	little; small	22
小吃	（名）	xiǎochī	snack; refreshments	43
小吃店	（名）	xiǎochīdiàn	snack bar; lunch room	43
小冬	（专）	Xiǎodōng	*name of a child*	42
小红	（专）	Xiǎohóng	*name of a child*	42
小姐	（名）	xiǎojie	miss; young lady	19
小兰	（专）	Xiǎolán	*name of a person*	39
小声	（形）	xiǎoshēng	in a low voice; (speak) in whispers	46
小时	（名）	xiǎoshí	hour	31
小说	（名）	xiǎoshuō	novel; short story	41
* 小提琴	（名）	xiǎotíqín	violin	31
* 小学生	（名）	xiǎoxuéshēng	pupil; schoolboy; school-girl	27

笑	（动）	xiào	to laugh; to smile	30
些	（量）	xiē	*a measure word*, some	24
鞋	（名）	xié	shoes	28
写	（动）	xiě	to write	14
谢谢	（动）	xièxie	to thank	8
新	（形）	xīn	new	15
心	（名）	xīn	heart	30
辛苦	（形）	xīnkǔ	hard; exhausting; with much toil	31
新年	（名）	xīnnián	new year	48
新闻	（名）	xīnwén	news	23
心脏	（名）	xīnzàng	heart	32
信	（名）	xìn	letter	14
信封	（名）	xìnfēng	envelope	34
信箱	（名）	xìnxiāng	post-office box (P. O. B.); letter box; mail box	34
星期	（名）	xīngqī	week	20
星期日	（名）	xīngqīrì	Sunday	20
行李	（名）	xíngli	luggage; baggage	28
姓	（动、名）	xìng	(one's) surname is…; surname	9
姓名	（名）	xìngmíng	full name; surname and given name	34
杏仁	（名）	xìngrén	almond	43
杏仁豆腐	（名）	xìngréndòufu	almond junket	43
熊猫	（名）	xióngmāo	panda	45
熊猫馆	（名）	xióngmāoguǎn		

			panda exhibition hall	45
修	(动)	xiū	to build (road, etc.); to repair	38
修建	(动)	xiūjiàn	to build; to construct	42
休息	(动)	xiūxi	to rest; to take a rest	18
选举	(动)	xuǎnjǔ	to elect	39
学	(动)	xué	to study; to learn	9
学期	(名)	xuéqī	term; semester	35
学生	(名)	xuésheng	student	9
学习	(动)	xuéxí	to study; to learn	9
学校	(名)	xuéxiào	school	31
学院	(名)	xuéyuàn	college; institute	9
雪	(名)	xuě	snow	33
血	(名)	xuè	blood	32
血压	(名)	xuèyā	blood pressure	32

Y

亚洲	(专)	Yà Zhōu	Asia	45
研究	(动)	yánjiū	to research	26
颜色	(名)	yánsè	colour	37
演	(动)	yǎn	to perform; to play; to act	49
演出	(名、动)	yǎnchū	to perform; to put on a show; performance; show	49
眼睛	(名)	yǎnjing	eye	32
*演员	(名)	yǎnyuán	actor or actress; performer	49
阳阳	(专)	Yángyang	*name of a child*	48
样子	(名)	yàngzi	manner; air; looks	45
要	(动、能动)	yào	to want; to wish to;	

must 19

要 (副) yào will; to be going to 29

药 (名) yào medicine 46

要不 (连) yàobù or; or else; otherwise 37

* 药方 (名) yàofāng prescription 46

* 药剂士 (名) yàojìshì druggist; pharmacist 46

要是 (连) yàoshi if 41

爷爷 (名) yéye grandpa 42

也 (副) yě also; too 2

《野草》 (专) 《Yěcǎo》 *name of a collection of* prose poems 47

页 (名、量) yè page; *a measure word*, page 50

叶子 (名) yèzi leaf 33

一 (数) yī one 10

衣服 (名) yīfu clothes; clothing 37

* 衣柜 (名) yīguì wardrobe 39

一…就… yī…jiù… no sooner …than…; as soon as 39

* 一秘 (名) yīmì first secretary 27

医务所 (名) yīwùsuǒ clinic 32

医院 (名) yīyuàn hospital 46

遗产 (名) yíchǎn heritage 47

一定 (副、形) yídìng surely; certainly; certain; given; particular 20

一共 (副) yígòng altogether; in all 36

颐和园 (专) Yíhéyuán Summer Palace 33

一会儿 (名) yí huìr a little while 41

一路平安 yílùpíng'ān to have a pleasant jour-

			ney; to have a good trip; bon voyage	29
一下儿		yíxiàr	a little while	11
一样	（形）	yíyàng	same; identical	37
以后	（名）	yǐhòu	later on; in the future	17
已经	（副）	yǐjing	already	31
以前	（名）	yǐqián	before; in the past	32
椅子	（名）	yǐzi	chair	22
一点儿		yìdiǎnr	a little; a bit	25
意见	（名）	yìjiàn	criticism; comments or suggestions	43
一起	（副、名）	yìqǐ	together	17
艺术	（名）	yìshù	art	42
艺术家	（名）	yìshùjiā	artist	49
意思	（名）	yìsi	meaning	39
* 阴天	（名）	yīntiān	cloudy day; overcast sky	33
因为	（连）	yīnwei	because; for	48
音乐	（名）	yīnyuè	music	19
* 音乐会	（名）	yīnyuèhuì	concert	20
银行	（名）	yínháng	bank	14
应该	（能动）	yīnggāi	should; ought to	26
* 英国	（专）	Yīngguó	Britain	13
英语	（名）	Yīngyǔ	English	12
赢	（动）	yíng	to win; to beat	28
迎春花	（名）	yíngchūnhuā	winter jasmine	50
营业	（动）	yíngyè	to do business	34
营业员	（名）	yíngyèyuán	clerk; shop assistant	34
永远	（副）	yǒngyuǎn	always; forever	39

	用	（动）	yòng	to use; to make use of	11
	油饼	（名）	yóubǐng	deep-fried pancake	43
	邮局	（名）	yóujú	post office	34
	邮票	（名）	yóupiào	stamp	34
	游泳		yóu yǒng	to swim; swimming	25
	有	（动）	yǒu	to have; there be	14
	有的	（代）	yǒude	some	34
	有（一）点儿		yǒu (yì)diǎnr	a bit	43
	友好	（形）	yǒuhǎo	friendly	23
	有名	（形）	yǒumíng	famous; well-known	26
	有时候		yǒu shíhou	sometimes	18
	友谊	（名）	yǒuyì	friendship	27
	有意思		yǒu yìsi	interesting	20
	有志者事竟成		yǒuzhìzhě-shìjìngchéng	where there is a will there is a way	26
	又	（副）	yòu	again; in addition to; more	27
*	右边	（名）	yòubiān	right	22
	鱼	（名）	yú	fish	25
	愉快	（形）	yúkuài	happy; delighted	38
	雨	（名）	yǔ	rain	33
	语法	（名）	yǔfǎ	grammar	15
*	雨伞	（名）	yǔsǎn	umbrella	11
	语言	（名）	yǔyán	language	31
*	雨衣	（名）	yǔyī	raincoat	37
	玉	（名）	yù	jade	36
*	预报	（动）	yùbào	forecast	33

	园林	（名）	yuánlín	gardens; park; landscape garden	44
	元宵	（名）	yuánxiāo	sweet dumplings made of glutinous rice flour	43
*	元宵节	（专）	Yuánxiāo Jié	the Lantern Festival	48
	远	（形）	yuǎn	far; distant	30
	远方	（名）	yuǎnfāng	distant place	39
	愿意	（能愿）	yuànyì	to be willing	29
	院了	（名）	yuànzi	courtyard	47
*	约会	（名）	yuēhuì	appointment	20
	月	（名）	yuè	month	20
	阅览室	（名）	yuèlǎnshì	reading-room	15
	运动	（动名）	yùndòng	to exercise (oneself); sport	40
	运动会	（名）	yùndònghuì	sports meet	40
	运动员	（名）	yùndòngyuán	sportsman; player	40

Z

杂志	（名）	zázhì	magazine	15
在	（动、介）	zài	to be at (a place); in; at	10
再	（副）	zài	again; once more; a second time	25
再见	（动）	zàijiàn	to say good-bye; to bid farewell to	11
咱们	（代）	zánmen	we	38
早	（形）	zǎo	early	26
早饭	（名）	zǎofàn	breakfast	28

枣树	(名)	zǎoshù	jujube tree; date tree	47
怎么	(代)	zěnme	how; why	38
怎么样	(代)	zěnmeyàng	how; how is it that…?	22
炸糕	(名)	zhágāo	fried cake	43
站	(动)	zhàn	to stand	29
站	(名)	zhàn	stop	38
* 占线		zhàn xiàn	the line is busy (engaged); the number is engaged	23
张	(量)	zhāng	*a measure word*, piece	16
张华光	(专)	Zhāng Huáguāng	*name of a person*	31
张华明	(专)	Zhāng Huámíng	*name of a person*	41
掌柜	(名)	zhǎngguì	shopkeeper	49
招待会	(名)	zhāodàihuì	reception	27
着急		zháo jí	feel anxiously	35
找	(动)	zhǎo	to look for; to call on (a person)	16
找(钱)	(动)	zhǎo(qián)	to give change	36
赵	(专)	Zhào	a surname	31
照片	(名)	zhàopiàn	photograph; photo; picture	23
照相		zhào xiàng	to take a picture; to have one's photo taken	29
照相机	(名)	zhàoxiàngjī	camera	41
这	(代)	zhè	this	4
这么	(代)	zhème	so; such	42
这样	(代)	zhèyàng	so; such; like this	32
着	(助)	zhe	*a particle*	34

这儿　(代) zhèr　here　16

真　(形) zhēn　real; true; genuine　21

针　(名) zhēn　injection; needle　46

珍贵　(形) zhēnguì　precious; valuable　45

整理　(动) zhěnglǐ　to put in order; to straighten up; to arrange　22

整齐　(形) zhěngqí　neat; tidy　48

挣　(动) zhèng　to earn; to make (money)　35

正常　(形) zhèngcháng　normal; regular　32

正确　(形) zhèngquè　correct; right　49

正在　(副) zhèngzài　*an adverb indicating an action in progress*　23

之　(助、代) zhī　*a modal particle; a pronoun*　43

只　(量) zhī　*a measure word*　45

枝　(量) zhī　*a measure word*　50

知道　(动) zhīdao　to know　20

知识　(名) zhīshi　knowledge　32

…之一　…zhīyī　one of…　49

*职员　(名) zhíyuán　office worker; staff member　14

纸　(名) zhǐ　paper　13

指　(动) zhǐ　to point at; to point to　34

只　(副) zhǐ　only　36

只有　(连) zhǐyǒu　only　44

质量　(名) zhìliàng　quality　36

钟　(名) zhōng　clock　31

终点　(名) zhōngdiǎn　terminal point; terminus　38

中国　(专) Zhōngguó　China　13

中国历史博物馆	（专）	Zhōngguó Lìshǐ Bówùguǎn	Museum of Chinese History	42
中国美术馆	（专）	Zhōngguó Měishùguǎn	National Art Gallery	50
* 中国民航	（专）	Zhōngguó Mínháng	General Administration of Civil Aviation of China (CAAC)	29
中间	（名）	zhōngjiān	centre; middle	42
中山装	（名）	zhōngshānzhuāng	Chinese tunic suit	37
中式	（名）	zhōngshì	Chinese style	37
中文	（名）	Zhōngwén	Chinese (language)	15
种	（量）	zhǒng	*a measure word*, kind; type; sort	36
重	（形）	zhòng	heavy	42
种	（动）	zhòng	to grow; to plant	46
粥	（名）	zhōu	gruel; porridge	43
周到	（形）	zhōudào	thoughtful; considerate	41
周恩来	（专）	Zhōu Ēnlái	Zhou Enlai	50
周年	（名）	zhōunián	anniversary	50
周总理	（专）	Zhōu Zǒnglǐ	Premier Zhou	50
株	（量）	zhū	*a measure word*	47
竹(子)	（名）	zhú(zi)	bamboo	45
主任	（名）	zhǔrèn	director; head	39
主席	（名）	zhǔxí	chairman	40
主席台	（名）	zhǔxítái	rostrum; platform	40
住	（动）	zhù	to live	10

祝	(动)	zhù	to wish	21
祝贺	(动)	zhùhè	to congratulate; congratulation	20
注意	(动)	zhùyì	to pay attention to	29
住院		zhù yuàn	to be in hospital; to be hospitalized	46
抓	(动)	zhuā	to arrest; to catch; to clutch	49
专业	(名)	zhuānyè	specialty; specialized subject	35
准备	(动)	zhǔnbèi	to prepare	25
桌子	(名)	zhuōzi	table	22
字	(名)	zì	character	15
自己	(代)	zìjǐ	self	30
自行车	(名)	zìxíngchē	bicycle; bike	36
总	(副)	zǒng	always	22
* 总机	(名)	zǒngjī	central exchange; telephone exchange; switchboard	23
总理	(名)	zǒnglǐ	premier	50
总是	(副)	zǒngshì	always	22
走	(动)	zǒu	to go; to walk	17
足球	(名)	zúqiú	football	28
* 嘴	(名)	zuǐ	mouth	32
最	(副)	zuì	best; most; least; to the highest (lowest) degree	33
最后	(名)	zuìhòu	last	50
最近	(名)	zuìjìn	recently; lately	32
昨天	(名)	zuótiān	yesterday	28

左边	（名）	zuǒbiān	left	22
坐	（动）	zuò	to sit; to take a seat	10
作	（动）	zuò	to do	14
作	（动）	zuò	to regard as; to take (somebody) for	47
座	（量）	zuò	*a measure word*	44
作家	（名）	zuòjiā	writer	26
作品	（名）	zuòpǐn	works (of literature and art)	49
座位	（名）	zuòwei	seat	38

练 习 答 案

KEY TO EXERCISES

第十三课

4. (1) 他和她都学习汉语。
   (2) 我爸爸、我妈妈都是大夫。
   (3) 他和他朋友都说英语。
   (4) 谢老师和丁云都是中国人。
   (5) 我和我哥哥都去商店。
   (6) 他和他的女朋友都不吸烟。
   (7) 丁云和她朋友都不在宿舍。
   (8) 我和古波都去外语学院看朋友。

第十四课

3. (1) 在 (2) 给 (3) 在 (4) 在 (5) 给 (6) 给
   (7) 在

第十五课

5. (1) 个 (2) 本 (3) 个 (4) 本 (5) 个

第十六课

4. (1) 在 (2) 从 (3) 给 (4) 从 (5) 在 (6) 从
5. (1) 谁 (2) 哪儿 (3) 什么 (4) 什么 (5) 哪儿
   (6) 哪儿 (7) 谁 (8) 什么

第十七课

3. (1) 现在几点？ (2) 你几点回家？
   (3) 晚上他们做什么？ (4) 他跟谁一起去看电影？

（5）她坐车去哪儿？
（6）下课以后他从哪儿去图书馆？

第十八课

3. （1）这是我的杂志。　这是中文杂志。　这是阅览室的杂志。
（2）我有一个朋友。　我有很多朋友。　我有中国朋友。
（3）她穿蓝裙子。　她穿她姐姐的裙子。　她穿旧裙子。
（4）我哥哥下午去买四张票。　我哥哥下午去买京剧票。　我哥哥下午去买八点钟的票。
（5）我常常看语法书。　我常常看新书。　我常常看我们老师的书。

4. （1）本　（2）个　（3）个　（4）件　（5）个　（6）个
（7）张　（8）个　（9）条　（10）个

5. （1）谢谢你　（2）问…好　（3）好啊
（4）我们认识一下儿　（5）对了　（6）太好了

6. （1）我朋友不在北京学习汉语。
（2）谁教你语法？　（3）她从古波那儿来。
（4）你常常给他写信吗？
（5）帕兰卡跟丁云学习汉语。
（6）你有几本汉语词典？
（7）你认识不认识那个大夫？
（8）她们是很好的朋友。
（9）我们班有很多中国留学生。
（10）她的车是新的。　（11）图书馆没有中文杂志。
（12）他每天八点上课。　（13）她常常用中文写信。
（14）我去宿舍看我朋友。

第十九课

4. （1）什么　（2）谁　（3）哪儿　（4）谁　（5）哪儿

第二十一课

4. (1) 介绍介绍 (2) 用用 (3) 找找 (4) 休息休息
   (5) 问问 (6) 帮助帮助

第二十二课

2. (1) 桌子上边有一杯茶。 桌子上边是一杯茶。
   (2) 书店和咖啡馆中间有一个银行。 书店和咖啡馆中间是银行。
   (3) 厨房外边有一个餐厅。 厨房外边是餐厅。
   (4) 房子前边有一个花园。 房子前边是花园。
   (5) 学院左边有一个图书馆。 学院左边是图书馆。
   (6) 书房旁边有一个客厅。 书房旁边是客厅。
3. 前边，里边，中间，右边，旁边，左边，对面，左边，右边，中间

第二十三课

5. (1) 休息的时候 (2) 参观工厂的人 (3) 妈妈给她的衬衫 (4) 我买的那本书 (5) 他认识的新朋友
6. (1) 我去的时候，他正看电视呢。
   (2) 他们出发的时候，我正起床呢。
   (3) 留学生是在国外学习的学生。
   (4) 在咖啡馆工作的人叫服务员。
   (5) 他买衣服的那个商店不太大。
   (6) 教你们汉语的老师是谁？

第二十四课

1. 六个班，十二个同学，十瓶(杯) 啤酒，三杯咖啡，六十二个工人，八十五个农民，四个代表团，七个问题，四张照片，十一张票，五个房间，八件衬衫，三十二个字，二十六个词，一个图书馆，一束花儿，二十二张桌子，三条裙子，九个工厂，十五个服务员

4．（1）的妹妹，十八，从
（2）在，忙，回，今天来
（3）进宿舍的，复习，写，念，作
（4）懂，认识，难，难
（5）很好，汉语，认真，下课，帮助，喜欢
5．（1）帕兰卡星期五去古波宿舍。
（2）一九七九年九月四号他去中国。
（3）我们班有十四个学生。
（4）那天我跟他一起去看电影。
（5）左边的那本画报是我的。
（6）我很喜欢这五个歌儿。
（7）他复习课文的时候，我正锻炼呢。
（8）今天他高兴不高兴？
（9）这些生词很难。
（10）他写汉字写得很好。
（11）我回答老师问的问题。
（12）他住125号房间。
（13）我们请他介绍介绍汉语语法。
（14）他是一个很认真的老师。
（15）晚上我去看我的一个朋友。
（16）她的那件衬衫很漂亮。

第二十五课

2．（1）得很高兴 （2）得很认真 （3）说得很好
（4）游得很快 （5）学得不太好 （6）问得很多
3．（1）A：他写汉字写得怎么样？
（2）A：你开车开得快不快？
（3）A：他跳舞跳得好吗？
（4）A：那个学生来得晚不晚？

(5) B：谢谢，我吃得不少了。

第二十六课

4. 要，想，能不能，想，能，应该，可以，可以，会

5. (1) 他想当大夫。 (2) 你要不要买京剧票？

(3) 他很会钓鱼。 (4) 阅览室里不能唱歌。

(5) 你应该每天锻炼。 (6) 他能教你英语。

(7) 今天晚上你能不能看电视？

(8) 你可以了解得更多。 (9) 我想研究中国的成语。

第二十七课

6. (1) 又 (2) 再 (3) 又 (4) 再 (5) 再 (6) 又

第二十八课

3. (1) B：我去看比里了。

B：他(在宿舍)整理箱子了。

(2) A：星期日你们去哪儿玩儿了？

B：她没有去。

(3) B：我参观农村了。

B：我们访问农民的家了。

(4) B：我接(电话)了。

A：谁给你打电话了？

(5) B：我去商店了。

A：你在商店买什么了？

(6) A：你给他们买足球票了没有？

A：他们去不去看足球赛？

第二十九课

4. (1) B：别忘了 (2) B：别难过了

(3) B：别跳了 (4) B：别找了

(5) B：别玩儿了

5. (1) 你爸爸妈妈身体好吗？

(2) 那个裁判工作怎么样？

(3) 我们学院留学生不多。

(4) 她家厨房很小，餐厅很大。

(5) 这个商店衬衫好不好？

第三十课

3. (1) 昨天我参加了比赛了。
   你参加没参加？
   (2) 晚上我作了练习就听音乐。
   你听不听？
   (3) 我办了签证了。
   你办没办？
   (4) 昨天我在我同学那儿看了电视。
   你看没看？
   (5) 晚上我作了两个菜。
   你作没作？
   (6) 星期天我跟我朋友一起听了唱片。
   你听没听？

5. (1) 给 (2) 跟 (3) 从 (4) 给 (5) 离 (6) 给
   (7) 为 (8) 给

6. (1) 明天你朋友能去参加舞会吗？
   (2) 别等了，他今天不会来。
   (3) 大夫说你要注意身体。
   (4) 那个问题他研究得怎么样？
   (5) 他告诉我他快要离开这儿了。
   (6) 你愿意帮助我学习法语吗？

7. (1) + (2) - (3) - (4) + (5) -
   (6) + (7) - (8) - (9) - (10) +

8. (1) 晚上他写了一封信。（晚上他写信了。）

(2) 明天我下了课就去看电影。

(3) 昨天我去他家的时候，他正看电视呢。

(4) 去年我常常参加足球比赛。

(5) 冬天我没有滑冰。

(6) 他很早地起床了。

(7) 我想看中国电影。

(8) 他们让我唱了一个中国民歌。

(9) 代表团坐飞机去中国了。

(10) 有时候我跟他一起钓鱼。

(11) 老师问了我一个问题。

(12) 同学们都试了试中国筷子。

第三十一课

2. (1) 参观了三个半小时　(2) 教了四十多年了

(3) 开了半个小时　(4) 写了两年多了

(5) 在北京(住) 两年　(6) 睡八个半小时

5. (1) 去年秋天那个留学生第一次回国。

(2) 他下午两点开始参观，参观了两个小时。

(3) 我们每星期学习六天，休息一天。

(4) 晚上他有时候看半个小时的电视，有时候听一刻多钟的新闻。

(5) 这本语法书他已经翻译了两个多月了。

(6) 今年夏天我没有在上海住很长时间，我在那儿住了几天。

(7) 中国留学生为实现四个现代化努力学习。

第三十二课

3. (1) 遍　(2) 次　(3) 遍　(4) 次　(5) 下儿

(6) 下儿　(7) 次 ，次

第三十三课

4. (1) 我离开家的时候天气很好，现在刮风了，快要下雨了。
   (2) 以前有人告诉我中国的梅花很多，也很好看。
   (3) 天气热了，可以去游泳了。你去吗？
   (4) 今天下午我很忙，有一个朋友要来看我。
   (5) 最近天天都刮风。
   (6) 他不怕冷，很怕热。
   (7) 他以前当翻译，现在当老师了。
   (8) 我觉得这儿的夏天最好。
   (9) 这本书我再看一星期，可以吗？
   (10) 他病了，从星期一到今天没有来上课。

第三十四课

2. (1) 挂着　(2) 放着　(3) 开着　(4) 拿着
   (5) 穿着　(6) 站着　(7) 指着　(8) 开着
3. (1) 有的人，有的人　(2) 有的，有的
   (3) 有的同学　(4) 有时候，有时候
4. (1) 我去邮局的时候，那位营业员总是热情地帮助我。
   (2) 孩子哭着说："我不去学校。"
   (3) 你知道怎么样用筷子吗？
   (4) 银行的柜台前边站着很多人。
   (5) 大夫仔细地检查了他的身体以后笑着说："你的心脏、血压都很正常。"
   (6) 他一听，觉得这个歌儿非常好。
   (7) 你看，这个汉字应该这样写。
   (8) 你为什么喜欢梅花？

第三十五课

1. 天：今天，昨天，明天，春天，夏天，秋天，冬天，晴天

学：学生，留学生，同学，学习，大学，学院，学校

文：中文，英文，法文，课文，文化，文学

假：暑假，寒假，放假，假期

语：汉语，英语，法语，外语，口语，语法，成语，语言

饭：吃饭，早饭，午饭，晚饭

2. (1) 热情地 (2) 认真地 (3) 着急地 (4) 高兴地
(5) 大声地 (6) 更多地

3. (1) 就 (2) 再 (3) 还 (4) 再 (5) 还
(6) 再 (7) 还 (8) 又 (9) 还 (10) 还

4. (1) 他今天穿着一双新鞋。
(2) 这位营业员以前在那个邮局工作过。
(3) 学了这首诗你可以了解一点儿这位作家的情况。
(4) 大夫正给他看病呢。
(5) 梅花快要开了。
(6) 谁在敲门呢？
(7) 刮风了，快要下雨了。
(8) 你拿过这儿的图片吗？
(9) 他利用假期工作，挣了一些钱。
(10) 别站着了，请坐吧。

5. 着，着，着，着
了，了，着，过，着，过，着，了
了，了，了，了

6. (1) 他病了很长时间了。
(2) 这个问题应该这样回答。
(3) 小张在河边钓着鱼呢。
(4) 那个电影我看了两次。
(5) 她在前边站着。
(6) 他以前到英国学过英文。

(7) 我以前不会照相，现在会照相了。
(8) 古波要努力(地) 学习中文。

第三十六课

2. (1) 这种笔比那种(笔) 便宜。
(2) 他的历史知识比我(的历史知识) 多。
(3) 这学期他比我进步得快。(这学期他进步得比我快。)
(4) 我每天比他睡得早。
(5) 他比他朋友大。
(6) 古波看中国电影比帕兰卡看得多。
(7) 今天比昨天(更) 热。
(8) 他妹妹比他(更) 会开车。
3. (1) 那种自行车的质量没有这种(自行车) 好。
(2) 我去年没有今年忙。
(3) 我们学校的邮局没有这个邮局大。
(4) 我的成绩没有他好。
(5) 这个男同志写字没有那个女同志写得好看。
(这个男同志没有那个女同志写字写得好看。)
(这个男同志写字写得没有那个女同志好看。)
(6) 我身体没有我同学健康。

第三十七课

2. (1) 他的工作跟他爱人一样。
(2) 我以后学的专业跟我朋友(学的) 一样。
(3) 古波买的词典跟帕兰卡(买的)一样。
(4) 小王跟小张一样大。
(5) 他学法语的时间跟你一样长。
(6) 我跟我弟弟一样高。
3. (1) 老工厂多多少工人，老工厂多
(2) 这件长多少，这件长

(3) 他妹妹大几岁，他妹妹大

(4) 这辆便宜多少钱，这辆便宜

(5) 他同学早到学校几分钟，他同学早到

(6) 他们班少学了多少课，他们班少学了

5. (1) 这种布多少钱一米？

(2) 你的鞋比我的小一点儿，我穿不太合适。

(3) 这个店定作的衣服比那个店好看得多。

(4) 这个月比上月冷一些。

(5) 今天很晚了，下次我再来吧。

(6) 明天你能骑车来吗？要不，我开车去接你？

第三十八课

2. 听 听见

(1) 听，听见，听见

(2) 听，听见，听见

(3) 听，听，听

看 看见

(1) 看，看见，看见

(2) 看见

(3) 看，看见，看，看见

3. (1) 懂 (2) 对 (3) 到(懂) (4) 错 (5) 好 (6) 会

5. (1) 老师，"带"字怎么写？

(2) 他刚起床，还没有吃早饭呢。

(3) 你知道这是什么方向吗？这是南边。

(4) 这个词中文怎么说？

(5) 他讲语法讲得怎么样？

(6) 这件衣服太肥，请您给我换一件，好吗？

(7) 你跑得比我快得多。

第三十九课

2. (1) 锻炼完，锻炼完

(2) 谈完，谈完

(3) 找到(照片)，找到

(4) 接到(你叔叔)，没有接到

(5) 记住，我还没有记住

3. (1) 他找了一上午，还没有找到那个地方。

(2) 星期六晚上，他们跳完舞已经快十二点了。

(3) 今年暑假他要留在北京。

(4) 李老师对同学们非常关心。

(5) 请大家明天交练习本子。

(6) 这句话是什么意思？

(7) 这位售票员对大家非常热情。

(8) 虽然在她家的时间不长，但是他们过得很愉快。

(9) 这个意思中文怎么说？

(10) 丁云一收到帕兰卡的信就给她回了一封信。

第四十课

1. 上飞机，上火车，上汽车，上电车，上楼，上课

下飞机，下火车，下汽车，下电车，下楼，下课，

下雨，下雪

开门，开车，开花，开学

打电话，打球，打太极拳

接电话，接球，接信，接人

看书，看报，看电影，看电视，看京剧，看朋友，看病

服务员，营业员，售票员，售货员，运动员

孩子，桔子，裙子，房子，桌子，椅子，筷子，箱子，

鼻子，叶子，牌子，绸子，本子，旗子

2. (1) 这个车间比那个车间大。

(2) 语言学院的学生比钢铁学院的学生少得多。
(3) 帕兰卡骑自行车没有古波骑得快。
(4) 这套衣服比那套便宜十二块钱，这套的质量没有那套好。
(5) 这个工厂的生产发展得有没有那个工厂快？
(6) 这辆汽车的颜色跟那辆一样。
(7) 你听的故事跟我讲的一样不一样？
(8) 他学过的生词跟你一样多，可是他记住的生词没有你多。
(9) 我们班上小王打太极拳打得最好。
(10) 我更喜欢看京剧。

3. (1) 吗，了　　(2) 了，吧
(3) 吗，呢　　(4) 呢，吧
(5) 了，呢

4. (打) 完，(收) 到，(收) 到，(上) 完，(骑) 到，(看) 见，(站) 在，(坐) 在，(跑) 到

6. (1) 新马路比旧马路长。
(2) 这个公园比那个公园大一点儿。
(3) 今天晚上我作完了练习就看电视。
(4) 这套茶具跟那套一样。
(5) 他听见有人敲门。
(6) 今天比昨天冷。
(7) 我看见他在那儿。
(8) 他这次考试成绩不比她高。
(9) 哥哥比妹妹大三岁。
(10) 她爸爸希望他们学好中文。

第四十一课

2. (1) 去 (2) 去 (3) 来 (4) 去 (5) 来

3．（1）就下来(就来)　　（2）就过来欢迎他们
（3）就穿了一件薄衣服　（4）就去买了三本回来
（5）就不会坐错了车了　（6）就不定作棉袄了
4．（1）对不起，我忘了这件事儿了。
（2）对不起，我想打个电话，可以吗？
（3）运动会九点才开始呢？他八点就到操场来了。
（4）这个建筑我早就听说了，今天才有机会来参观。
（5）小张不在家，他刚出去，一会儿就回来。
（6）我不进去了，请你告诉他：明天我们到故宫去。
（7）上月哥哥给我买来了两本中国小说，我给妹妹送去了一本。
（8）要是公共汽车太挤，我们就骑自行车去。
5．（1）早早　（2）客客气气　（3）清清楚楚
（4）漂漂亮亮　（5）认认真真

第四十二课

2．（1）得见，不见　（2）得动，得动　（3）得下，得下
（4）得了，不了　（5）得到，不到　（6）得到，得到
（7）得了，得了　（8）得去，不去
3．（1）老师用中文讲语法，你听得懂听不懂？
他讲得很慢，也很清楚，我听得懂。
（2）学校的礼堂坐得下坐不下两千人？
这个礼堂很大，坐得下两千人。
（3）今天上午见得到见不到那位顾问？
上午他去检查工作了，见不到他。
（4）你们学院修建的新楼今年完得成完不成？
工人们都在努力干，今年完得成。
（5）我们不坐车了，你走得动走不动？
路不太远，我走得动。

(6) 这个照相机的镜头修得好修不好？
没问题，这个照相机的镜头修得好。
(7) 这首古诗的意思你看得懂看不懂？
这首古诗生词很多，我看不懂。
(8) 他们的问题你现在回答得了回答不了？
我要想一想，我现在回答不了。

5. 七千五百六十二　八千零五十
一千一(百)　一万

6. (1) 这座城已经有三千多年的历史了。
(2) 这条马路有多宽？听说最宽的地方有一百米。
(3) 那个工人还没有来，现在礼堂的门开不开。
(4) 这是典型的中国古典音乐。
(5) 你这么喜欢艺术，为什么学习语言专业呢？
(6) 他今天这么忙，我以后再去找他吧。

第四十三课

2. (1) 过来，过去　(2) 进去　(3) 下来，过来
(4) 起来　(5) 下来　(6) 上来(过来)
(7) 回去　(8) 出来　(9) 回，去

3. (1) 上来　(2) 出去　(3) 回来　(4) 下来
(5) 进，去　(6) 上，去，下来　(7) 出，来
(8) 回，去

5. (1) 他今天干了一天的活儿，现在有点儿饿了。
(2) 今天比较冷，你的衣服够不够？
(3) 这儿还有别的饭馆吗？
(4) 他又会照相，又会洗照片。
(5) 本市今年修建了好几条新马路。
(6) 上海风味的菜不是很好吃吗？
(7) 他对各种顾客都服务得很周到。

第四十四课

2. (1) 她是昨天晚上去广州的。
   (2) 他是坐公共汽车去的天安门。
   (3) 她是跟她母亲一起去颐和园的。
   (4) 不，他是从日本坐船来的。
   (5) 不，他是到中国来旅行的。
   (6) 他是为帮助建设工厂来南京的。(他是来帮助建设工厂的。)
4. (1) 他是什么时候决定来中国旅行的?
   (2) 时间过得多么快啊!
   (3) 只有学好古汉语，才能研究中国的古诗。
   (4) 我们多么希望明天能出太阳啊!
   (5) 看球赛的时候，观众激动得大声地喊。
   (6) 春天来了，公园里的树一天比一天绿了。

第四十五课

1. 花园，公园，动物园，颐和园，园林
   图书馆，咖啡馆，大使馆，饭馆，博物馆，熊猫馆
   阅览室，卧室
   操场，广场，机场
   食堂，礼堂，人民大会堂
   客厅，餐厅
   厨房，书房，房子，房间
4. (1) 就，才 (2) 才 (3) 才 (4) 就 (5) 就 (6) 才
5. (1) 他们的孩子非常可爱。
   (2) 他想去动物园，又想去颐和园，到现在还决定不了。
   (3) 我是三年前离开农村的，后来就到这个工厂工作了。
   (4) 他希望学会画画儿，又不愿意花时间练习，所以总是学不好。

(6) 这张珍贵的照片是二十年以前照的。

6. (1) + (2) - (3) + (4) - (5) -
(6) - (7) + (8) - (9) - (10) +

第四十六课

2. (1) 我把窗户开开了。
(2) 我已经把这本小说看完了。
(3) 她把你的录音机带来了。
(4) 小兰已经把葡萄洗好了。
(5) 他已经把这本杂志送给我了。
(6) 他已经把这件事儿告诉我了。

3. (1) 他把这封航空信寄走了。
(2) 他把这些东西包好了。
(3) 他把上一课的生词记住了。
(4) 他把一百米的记录打破了。
(5) 他把那个故事讲完了。
(6) 他把他朋友送回家了。

4. (1) 他们今年能把这座楼修建好吗?
(2) 我可以把这本小说带回去吗?
(3) 你放心，我不会把这件事忘了。
(4) 他不知道大夫能不能把他的病看好。
(5) 小兰帮助姥姥把客人留住了。
(6) 天冷了，你应该把棉袄穿上了。
(7) 他在花园里种了很多花儿，又种了一些树。
(8) 我今天头疼，又有点儿咳嗽。
(9) 打了针以后她觉得舒服多了。
(10) 我们这学期比上学期忙多了。

第四十七课

2. (1) 带到 (2) 作成 (3) 写在 (4) 翻译成

(5) 挂在 (6) 送到 (7) 交给 (8) 看作

5. (1) 除了小说以外，鲁迅还写了很多文章。
(2) 看了这篇文章以后，你有什么感想？
(3) 除了鱼以外，别的菜她都爱吃。
(4) 青年们的文化生活比以前丰富多了。
(5) 除了这个故居以外，鲁迅在北京还住过三个地方。
(6) 这个学院为国家培养了很多大夫。

6. (1) 拉，推到 (2) 拉到 (3) 拉到 (4) 推到
(5) 推到，拉到 (6) 拉，推到

第四十八课

2. (1) 院子打扫得很干净。
(2) 写着“恭贺新禧”四个大字的灯笼挂在门口。
(3) 饭菜都准备好了。
(4) 这件礼物送给了外国阿姨。
(5) 爆竹都放完了。
(6) 饺子很快包好了。
(7) 李老师写的春联贴在门上了。
(8) 糖、点心、茶具都摆好了。

4. (1) 谁见了都喜欢 (2) 哪儿也不想去
(3) 怎么走也找不到要去的地方
(4) 谁也不想去看 (5) 哪儿也买不到
(6) 什么也看不见 (7) 什么也没有
(8) 怎么找也找不到

6. (1) 桌上的菜摆得很好看。
(2) 他们第一次在外国过圣诞节。
(3) 因为他刚参加了球赛，所以比较累。
(4) 这次考试我们全班同学的成绩都很好。
(5) 她很少生病，她的身体比较健康。

(6) 因为春节是全家团聚的节日，所以他很想家。
(7) 他什么都想学，可是什么都学得不太好。
(8) 这个问题你怎么回答都可以。

第四十九课

2. (1) 这个电影感动了大家。
(2) 她把这本小说翻译成法文了。
(3) 小张把小说《李自成》借走了。
(4) 古波把帕兰卡送到北京医院去了。
(5) 大家把老舍先生叫作“人民艺术家”。
(6) 孩子们把买来的冰棍儿吃完了。

3. (1) 那些活儿被工人们干完了。
(2) 我们的行李被同学们拿到宿舍去了。
(3) 小张保持的记录被古波打破了。
(4) 我的自行车被那位老工人修好了。
(5) 这位新同学被李老师介绍给大家了。
(6) 鲁迅先生被进步青年看作自己的老师。

4. (1) 常常刮风 (2) 写了很多话剧
(3) 应该会写 (4) 关心我们的学习
(5) 外国人也喜欢看 (6) 冬天他也常常去
(7) 古典小说 (8) 颐和园

5. (1) 这是中国最有名的新电影之一。
(2) 这些工作已经被他们三个人完成了。
(3) 他很少看话剧，连首都剧场在哪儿也不知道。
(4) 这瓶酒让他们喝完了。
(5) 他不但见过这位艺术家，而且还跟他谈过话。
(6) 他不但用中文写信，而且也用中文写日记。
(7) 这个青年作家的作品非常感动人。
(8) 那把椅子被我放到院子里了。

第五十课

1. 个：代表　售货员　邻居　叔叔　客人　观众　青年
　　司机　人物　艺术家　动物　学校　湖　车间
　　公园　礼堂　饭馆　座位　邮局　窗口　操场
　　亭子　建筑　广场　剧场　机会　情况　意见
　　感想　专业　故事　记录　作品　展览　礼物
　　灯笼　话剧　暑假　寒假　假期　学期　春节
　　小时　星期　月　信封　牌子　本子　照相机
　　盖儿　茶碗　茶壶　耳朵　鼻子　油饼

　张：画儿　年画　表　图片　邮票　奖状　地图　照片
　　桌子　床

　件：中山装　棉袄　衬衫　东西

　条：路　马路　腿　尾巴　船　裙子

　套：茶具　明信片　瓷器　邮票

　座：建筑　山　塔　桥　楼

　句：话　中文　成语

　本：小说　日记　本子

　双：鞋　手　脚　筷子

　只：手　脚　熊猫　狮子　老虎　兔子

4. (1) 因为，所以　(2) 虽然，但是　(3) 要是，就
　(4) 除了，还有　(5) 不但，而且　(6) 只有，才

5. (1) 他们是来给老师拜年的。
　(2) 我们全家是今年春节团聚的。
　(3) 医院外边停着很多车。
　(4) 他衣服穿得很少，又站在外边，所以觉得很冷。
　(5) 他是一个伟大的人，又是一个简朴的人。
　(6) 我们很喜欢这个画展，李老师也被它吸引住了。
　(7) 这个公园没有意思，连花儿也很少。

(8) 他把这篇课文一句一句地翻译成法文。

6. (1) 他把那封信放在桌上。

(2) 孩子们听故事听得很高兴。

(3) 我同学作练习作得很认真。

(4) 我认识那个人了。

(5) 我们应该帮助他。

(6) 他没把本子找到。

(7) 我朋友把这本书送给我了。

(8) 练习已经作完了。

(9) 我作得好这件事情。

(10) 我没有被这个话剧感动。

《实用汉语课本》第一、二册
词汇总表 练习答案
•
北 京 语 言 学 院 编
商 务 印 书 馆 出 版
(中国北京王府井大街36号)
北京语言学院印刷厂排版
中 国 国 际 书 店 发 行
(北京399信箱)
1982年9月第一版
1987年7月北京第二次印刷
统一书号：9017·1235
00060
9—E—1678P

ISBN 7-100-00094-7/G19